바다거북 운을 떼다

바다거북 운을 떼다

신진호 시집

시작(詩作) 노트

오늘도 씨앗 만나러 나선다

바람의 씨, 들꽃의 씨
개울물 씨, 자갈돌 씨
별과 달의 씨앗
소나무 향 씨앗
어린아이들의 웃음 씨앗

정성스레 감싸 가슴에 품고
심장 박동에 기대어
그것들의 응수를 기다린다
어떤 씨앗은 기대보다 일찍
낮은 온도에 발아하고,
여러 해 숙성시키거나
통풍이 필요한 씨앗도 있다

발아한 싹을 화분에 옮겨
물도 주고 햇볕도 쬐어주고
상큼한 바람 노래 들려주다 보면
올망졸망한 꽃 하나둘 터져 나온다

언젠가는 크고 환한 꽃도
덩실덩실
피울 수 있으리라는 꿈을 안고

차례

시작(詩作) 노트   4

1부 두꺼비와 사내

등에 대한 사색   15
순환   16
말 부스러기   17
쇠고기를 즐기지 않는 일곱 가지 사유   18
어느 차바퀴의 독백   19
꿀벌 대란   20
쥐꼬리의 변신   21
바다거북 운을 떼다   22
둥구나무집 옥길이   23
두꺼비와 사내   24
할머니가 심은 밤나무   26
신 행성의 등극   27

2부 클린 하이커

바다가 보내온 편지 31

한해살이들의 축제 앞에서 32

달팽이집 천사 33

랑미초 피는 풍경 34

거대한 품 35

옹달샘 36

클린 하이커 37

조롱조롱 아롱다롱 38

산수유 39

벤자민을 회고하다 40

송천옥(松川屋) 41

태동의 자리에서 42

3부 파랑 바가지

보름달 이야기　45

우리 할머니　46

이색 초대장　47

청천벽력　48

파랑 바가지　49

어머니와 단풍　50

고부　51

기억회로　52

우리 집　53

삼단 석단(三段 石壇)　54

태양이 전하는 말　55

할무이 닭발 대승　56

4부 가시복숭이

옥수수 껍질 벗기며   59

관절염이 주는 교훈   60

정자에 머무는 동안   61

가시복숭이   62

돌덩이와 바위   63

셈치기의 여유   64

참치 해체(解體) 쇼를 보고   65

손톱을 깎으며   66

작은 타협   67

씨앗 삼총사   68

아야, 보그라, 보이제?   69

회갑(回甲)은   70

5부 사람꽃

이정표　73

슬픈 경계　74

아무것도 아닌 것과 아무것　75

비빔밥　76

유리 벽 단절　77

잿빛 별　78

눈 내린 날의 단상　79

난달　80

신(新) 세한도(歲寒圖)　81

사람꽃　82

어머니께 고합니다　83

똥바가지　84

6부 초록 연가

우리 시작해도 될까요　87

몸짓이 말하다　88

밥솥안 사랑일대기　89

초록 연가　90

소나무에게서 배우다　91

오른손의 고백　92

우리 사이　93

칫솔과 치약　94

규화목(硅化木)　95

공유　96

칼이 도마에게　97

너　98

1부
두꺼비와 사내

"비켜!"
꿈쩍 않는 두꺼비
"비키라니께!"
좀 더 큰 소리
"아니 너까정 날 무시하는겨?"
그런 차에 두꺼비 울음소리
"뽀르뽀르뽀르 뽀뽀뽀뽀"
"그려, 나랑 한 판 붙어보자는 거지?"

등에 대한 사색
순환
말 부스러기
쇠고기를 즐기지 않는 일곱 가지 사유
어느 차바퀴의 독백
꿀벌 대란
쥐꼬리의 변신
바다거북 운을 떼다
둥구나무집 옥길이
두꺼비와 사내
할머니가 심은 밤나무
신 행성의 등극

등에 대한 사색

작은 개울 속 얕은 물줄기
거슬러 오르려 애쓰는
담갈색 잉어의 둔한 몸짓
등지느러미 물 밖으로 살짝 나와
햇빛에 반사되는 늠름한 등짝

비 오락가락하던 여름날
동산처럼 쌓아 올린 수박 수레
검은 우비자락 아버지
가파른 언덕배기 오르시는 길
잠깐 볕을 만나 반짝였던 등판

강 상류로 오르려는
연어의 힘찬 몸부림은 아닐지라도
최고를 향한
빛나는 삶은 아닐지라도
주어진 생을 꿋꿋하게 살아내려는
처절한 등줄기, 등줄기, 등줄기들…
우리들 가슴에 밑돌 되어
견고한 뿌리 내린다

순환

폭풍우에 쓰러지고만 우람한 나무
숲에서 우러르던 어르신이었다

잠시 숲속 마을이 멈춘 듯했다
이제, 그 뒤를 따라가려 기를 쓰던 한 그루가
제일 큰 나무가 되었다

그 주위로
품 좋은 장년들,
한창 크는 청년들,
막 싹이 트는 어린 묘목들
커가는 소리 기운차다, 모두 어르신 감이다

이미 쓰러져간 큰 나무
숲에 잠들어 자양분 되어가겠지
어디서 많이 본 듯 익숙하다

말 부스러기

두피에 뿌리 둔 탐스런 머릿결
빠지는 순간 머리카락으로 추락

마음속 담긴 갖가지 생각
입술 떠나는 순간 말 부스러기로 전락

빠진 머리카락 심을 수 없듯
흩어진 말 주워 담을 수 없지

보석 같은 언어
그윽하게 되뇌어도 기쁠 일
버려질 말
슬그머니 함구해도 좋을 일

쇠고기를 즐기지 않는 일곱 가지 사유

그녀는 쇠고기를 즐기지 않아

어릴 적 아버지와 밭 갈던
누렁이의 큰 눈망울이 아른거린다나?
자라면서 사고로 입원했던
화상 병동이 생각난다던가?
수술실 간호사로 일하던
전기소작 냄새가 떠오른다나?
쇠고기 지방 융점이 43°C로
체내 에너지 이용이 어렵다던가?
소 네 마리가 연간 배출하는 메탄가스가
자동차 한 대 배기가스와 맞먹는다나?
유럽의 에스토니아란 나라에서는
소 방귀에 대한 세금을 부과한다던가?
쇠고기를 먹고 나온 후
텅 빈 주머니 보기가 두렵다나?

어쨌든 그녀는 쇠고기를 즐기기 않아

어느 차바퀴의 독백

앞 둘, 뒤 둘
고된 어깨 위
육중한 틀 안에 가족 태우고
날마다 마주하는 아스팔트

구르면 구를수록 닳아지는 몸
달리면 달릴수록 빠져나가는 공기

봇짐 장사 채비하고
등짐 추슬러 길 떠나던
어느 가장의 뒷모습 마냥
묵묵히 굴러가지

'산다는 건 끝없이 달리는 일
그래, 나도
성스럽게 구르기 위해
세상에 태어난 차바퀴였어.'

꿀벌 대란

초겨울에 봄꽃 피었다
노란 줄무늬 꿀벌
꿀 따러 가자고 빙글빙글 날개춤

이 꽃 저 꽃 찾아 점점 멀어지는데
다시 혹한의 날씨
돌아갈 기력 잃어 날개 접히는
슬픈 노래 윙~윙윙

봄날 활짝 열린 벌집
수많은 육각형 공실
허무를 전달한다
농작물 7할을 꽃가루에 의존하는 농가
길 잃어 쌓여가는 한숨

대 농군 꿀벌의
멋진 춤사위
다시 볼 수 있을까

쥐꼬리의 변신

쥐 잡는 날 숙제로
재 묻혀 학교에 제출한
구운 오징어 다리
영락없는 쥐꼬리

수십 년 직장생활
매월 25일은
쥐꼬리 마주하는 날
내 눈엔 항상
가늘고 짧았던 꼬리

퇴직 후 매월 25일은
그 볼품없던 쥐꼬리가
풍성한 여우꼬리로
여지없이 변신
꼬리의 재주를 확인하는 날

바다거북 운을 떼다

바닷속 유영하는 비닐 조각
입으로 가져가는 바다거북이
조마조마한 마음에 눈 못 떼는데
바다거북 코에 꽂힌 빨대 제거 영상
시리다 못해 뻐근해지는 가슴

지금 내가 즐기는
눈부시도록 파란 하늘
생기로 빛나는 초록 나무들
향긋하게 실려 오는 들풀 내음

세월 지나 내 아이의 아이도
내 아이의 아이의 아이도
또 그 아이의 아이의 아이도
이 대자연의 풍요 누릴 수 있을까

그 아이가
지구의 마지막 인류가 되지 않도록
바다거북이 나에게 소소한 주문을 건다
일회용품을 밀어내 보라고
장바구니는 사랑해 보라고

둥구나무집 옥길이

어릴 적 동무들과 골목 안 숨바꼭질
속 빈 둥구나무 옆
삐져나온 빨간 스웨터 소매
못 본 체 서성서성 "어디 있지? 어디 있지?"
까르르 웃음보 터져 술래 되고만 옥길이

가을날 호젓한 오솔길
저만치 나무 밑동 사이
환하게 얼굴 내민
갈참나무 주황 단풍
그 산책길 따라 가슴 울렁이게 하는 소식
"우리 옥길이도 서울서 잘 살어유~."
둥구나무집 어르신 말씀

옥길이도 반백의 나를 기억할까?

두꺼비와 사내

얼큰하게 술 오른 홍싯빛 한 사내
퇴근길 느지막 동네 논두렁 어귀
우람한 두꺼비와 딱 마주쳤다지

"비켜!"
꿈쩍 않는 두꺼비
"비키라니께!"
좀 더 큰 소리
"아니 너까정 날 무시하는겨?"
그런 차에 두꺼비 울음소리
"뽀르뽀르뽀르 뽀뽀뽀뽀."
"그려, 나랑 한 판 붙어보자는 거지?"
소매 걷어붙이는 사내, 큰 트림소리
"꺼~어~억."
들었는지 못들었는지 다시
"뽀르뽀르뽀르 뽀뽀뽀뽀."
이번에도 꿈쩍 않는 두꺼비
"어쭈~ 이번엔 못 당할 껄!"
사내 아랫배에 힘을 꾸욱 주며
"뿌우우우우웅."
"어뗘? 이래도 못 비키겠는가?"

"뿌르뿌르뿌르 뽀뽀뽀뽀"
"아! 네가 원하는 것이 이것이냐?"
입술 쑤욱 내밀며 뒤로 엉덩이 쭈욱 빼는 사내

웃음 터진 달님이 구름자락 들어올려
살며시 입을 가리네

할머니가 심은 밤나무

고향 집 뒷마당엔
할머니가 심으셨다는 밤나무 두 그루
언니 태어난 해 기념식수한 가지 벌은 밤나무
나를 낳은 해 심었다는 여린 밤나무
언니 나무보다 작은 게 안타까워
아무도 모르게 양은 주전자에 물 담아
내 밤나무 밑동에 뿌려주고
가끔은 몸통도 쓰다듬으며
빨리 자라라고 속삭이기도 했었지

초록 잎 무성한 여름 지나면
설레는 소리로 꿈결처럼 다가와
가을 새벽 톡…
대지에 입맞춤하던 알밤
기대 부푼 다섯 살배기 아침 뒤뜰엔
이슬 머금어 영롱하던 주먹만 한 알밤 두어 개
의기양양 밤나무 어린 주인장도
밤톨과 함께 영글어갔지

신 행성의 등극

아뢰옵니다.

이즈음 지구인들의 행성으로 새로이 등극한 이 있으니 이름하여 휴대폰이라 하더이다. 스스로는 빛을 낼 수 없는 바 지구인이 전기라는 밥을 공급해야만 빛을 발할 수 있다 하더이다. 밤낮으로 주변을 돌며 지극히 사적 공간으로 알려진 뒷간까지 맴돈다 하더이다. 그들의 궤도 이탈은 애인이 멀어진 양 붙박이별의 극심한 불안과 초조를 야기하는데 이를 스마트폰 중독이라 부른다 하더이다. 때때로 마음 맞는 이들끼리는 행성 간 보이지 않은 전파라는 것으로 연결되어 서로 서신까지 주고 받는다 하더이다. 지상에서의 행적도 마음도 빠짐없이 겁~나게 소상히 꿰차고 있는 무시무시한 시한-탄 같은 물건이라 하더이다.

근래 너나없이 유행하고 있는 휴대폰이란 행성에 대해 삼가 아뢰었나이다.

2부
클린 하이커

구리 비녀 꽂은 할머니
칡넝쿨 잎 한 장 뚝 따
솜씨 좋게 여민 고깔컵
나는 찰랑찰랑 물 한 잔 받아
파란 하늘, 흰 구름, 나비 한 마리
벌꺽벌꺽 들이키고

바다가 보내온 편지
한해살이들의 축제 앞에서
달팽이집 천사
랑미초 피는 풍경
거대한 품
옹달샘
클린 하이커
조롱조롱 아롱다롱
산수유
벤자민을 회고하다
송천옥(松川屋)
태동의 자리에서

바다가 보내온 편지

제 얘기 좀 들어볼래요?
전 바다예요

육천이백만 살이나 먹은 제가
요즈음 큰 고민이 생겼어요
지금도 몸이 조금씩 자라고 있다는 거지요
대신 제 친구 빙산의 키는 줄어든다고 해요
기온이 올라갈수록
그 애는 불안에 떨고 있어요
이러다가 오랜 친구를 못 보게 될까 걱정이에요

지구가 더 빨리 달궈지지 않도록
누군가의 도움이 간절히 필요해요
빙산과 오래도록 이웃하며
사이좋게 웃고 싶어요

제 부탁
꼭 기억해줘요

한해살이들의 축제 앞에서

양지바른 개울가 초록 융단 위
별사탕 흩뿌린 듯 하양 분홍 고마리
환상의 나비떼 홍자주 물봉숭아
짧은 생의 최고점에 피어올라
온몸 사르는 한해살이 축제의 장

얼떨결에 초대된
다년생 산보객
한해살이 열정 앞에 부끄러워
'저들처럼 온 힘 다해 피워야겠지.'

침잠했던 활력 불러 모아
돌아보며 되새기며
길 재촉하며

달팽이집 천사[*]

활처럼 등 굽은 노인
달팽이집 이끌고 천천히 언덕길 오른다
별들이 놀고 있는 신새벽 오두막집 나서면
하루 열 시간 13km 잰걸음,
그래봐야 최저임금의 십 분의 일,
948원이란 시급 벌러
이 거리 저 거리 폐지 찾아 삼만리

자식한테 손 벌리고 싶지 않아
나라 기관에도 신세 지고 싶지 않아
은발의 천사는 매일 새로 지어 올린 달팽이집을
고물상에 팔아 끼니 마련한다
뭉쳐 내놓은 쓰레기 분리수거까지 곁들이며
자동차 대열 속 목숨 건 숨바꼭질,
이 골목 저 골목 아는 이 마주칠 때면
달팽이처럼 슬그머니
더미 속에 쏙 숨어버리고도 싶은

[*] KBS 시사기획 창 〈GPS와 리어카, 폐지 줍는 노인들의 빈곤과 노동〉을 보고.

랑미초* 피는 풍경

이런 풍경 본 적 있나요?

초록이 빛나는 유월
푸른 소나무 두 그루 양쪽에서 수호하는
오솔길 작은 폭포 투명한 물보라
맑은 도랑 자갈돌 간질이고
나뭇가지에서 그네 타던 참새
보란 듯 시냇물과 날렵한 입맞춤
두 폭 너비 목재 다리 건너면
한가로이 객 기다리는 자그마한 정자
맞은편엔 허리높이로 어깨 겯는
빨강 파랑 노랑 초록 어린이집 나무울타리
한적한 그 길 따라 돌면
살랑 바람에 나붓나붓 속삭이는 랑미초
쏼쏼쏼쏼 흐르는 물소리

나 어느새
고향 도랑가에 앉아있네요

* 8~9월에 개화하며, 꽃은 검은 자주색으로 수크령 또는 길갱이 라고도 한다.

거대한 품

바다는
물고기들의 거대한 자궁

굵고 가는 빗줄기 모아
양수 만들고
석양 무렵 이글거리는 불덩이 삼켜
양수 데우고
차르르 차르르 강줄기 탯줄 삼아
영양 공급하며
멸치, 고등어, 거북이, 돌고래…
품어 키우는

바다는
물고기들의 온기 어린 아기집

옹달샘

노랑 참외 익어가던 뒷동산 오솔길
말갛게 얼굴 비치는 작은 옹달샘

구리 비녀 꽂은 할머니
칡넝쿨 잎 한 장 뚝 따
솜씨 좋게 여민 고깔컵
나는 찰랑찰랑 물 한 잔 받아
파란 하늘, 흰 구름, 나비 한 마리
벌꺽벌꺽 들이키고

할머니 함빡 웃음꽃은
옹달샘 물주름으로 퍼지고 있었지

클린 하이커*

집게 들고 산 오르며
보물찾기하듯 쓰레기 찾는다
낙엽 밑 과자 봉지
바위 사이 맥주 깡통

깨진 음료병 폐부 파고들고
버린 양심 악취 풍기며
천년 지나 후손에게
땅속 유적으로 남겨질 태세

이에 질세라 마댓자루 들고
험준한 산 오르내리는 지구 지킴이
송글송글 맺힌 이마의 땀방울이
반짝반짝 영롱하다

*지속 가능하게 산을 즐기기 위해 등산 중 쓰레기 줍기를 실천하는 산악회원.

조롱조롱 아롱다롱

어린 시절 친구들과
개울가 몽돌밭
바짓가랑이 걷어 올리고
조롱조롱 다슬기 주워 담던 아이

엄마 되어 딸과 함께
공원 밤하늘 별밭 바라보며
아롱다롱 예쁜 꿈
그리고 있지

산수유

뒤안길 서성이던 겨울 자취 남기고자
마른 가지에 연노랑 눈꽃 살포시 달아둔다

화사한 계절의 봄 등장 알리고자
갈색 줄기에 노랑 물감 꾹꾹 찍는다

냉기 돌던 날들의 징표 간데없고
봄 거리 백열등을 환하게 밝힌다

온 마을에 몽실몽실 봄소식 전하며
거리거리 금빛 축포 쏘아 올린다

벤자민을 회고하다

크리스마스가 들어있는 12월. 젊은 부모는 예쁜 트리를 만들기로 했답니다. 초록 이파리 윤기 자르르한 회갈색 몸통에 전등이 촘촘히 박힌 전깃줄을 돌돌 감아주었죠. 깜빡깜빡 화려한 불빛에 아이들의 환호 쏟아지고 이웃의 부러운 시선도 받았답니다.

그러던 몇 주 후 반짝이던 푸른 잎들이 생기를 잃기 시작했답니다. 수분이 모자란 것도 아니었는데 한 잎 두 잎 떨어졌죠. 젊은 부부는 깜짝 놀라 황급히 전등 줄을 풀었답니다. 시름시름 앓던 잎들이 마른 낙엽처럼 몸을 웅크렸어요. 너무 늦었는지 조금씩 떨어지던 잎들은 차례로 그들 곁을 떠났답니다.

이제 머리가 희끗해진 부부는 화려한 네온사인 볼 때마다 전등 줄에 칭칭 감겼던 벤자민을 안타깝게 떠올리곤 한답니다.

송천옥(松川屋)

소나무 향 그윽한 괴산(槐山) 골 한 자락
기암괴석 사이 피어난 기품 어린 한옥 한 떨기
송사리 노니는 작은 시내 품에 안고
철 따라 펼쳐지는 가지가지 꽃의 향연

웃음소리 좋아하는 넉넉한 신선 있어
산새들 노래 불러들이며 초대한 저녁 만찬
달과 별과 말 트고 산들바람과 벗 되니
구수한 사람 냄새 지상인지 낙원인지

태동의 자리에서

주변 분위기 둘러보며 탐색해 왔어
착상에 어울리는 땅인지 면밀히 살펴보았지
세심한 설계 튼튼한 기초공사
때로 발파가 전하는 꿈틀꿈틀 태동
단단히 골격 세우고 공들여 벽돌 쌓아가지
수도관 연결로 영양 공급
난방 공사로 원활한 혈액순환
세상과 소통할 창문 내고 정성스런 갈무리

마침내 탯줄 자르고
세상에 선보이는 그럴듯한 작품 하나
창의와 성장이 꽃피우는
온기 어린 요람

3부
파랑 바가지

뜨거워도 뜨겁다,
차가워도 차갑다 말 못 하고
주어지는 것마다
둥그런 품으로 받아들이던 우리 어머니

보름달 이야기
우리 할머니
이색 초대장
청천벽력
파랑 바가지
어머니와 단풍
고부
기억회로
우리 집
삼단 석단(三段 石壇)
태양이 전하는 말
할무이 닭발 대승

보름달 이야기

달 밝은 밤 옹기종기
평상에 둘러앉은 가족들
오순도순 이야기꽃 피운다

"보름달이 세 개 떴네!"

할머니 웃으시며
"푸른 하늘에 둥근 달,
헛간 지붕에 하얀 박,
우리 이쁜이 손녀 얼굴."

나는 속으로 말한다
'하나 더 있어요!
호호호 할머니 얼굴.'

우리 할머니

내일 시골 간다는 아버지 말씀
할머니 생각만으로 가슴은 쿵덕쿵덕
밤이 길었지

뽀얀 먼지 날리는 버스에서 내려
방앗간 집 물레방아 지나고
개울 가로지른 나무다리 건너
미루나무 숲 바라보며
작은 동네 길 따라 걷다 보면
나지막한 토담이 반기는 할머니 댁

한겨울 따뜻한 아궁이 속
군고구마 톡톡 재 떨어 건네시던,
한여름 펌프 물 퍼 올려
토닥토닥 등물해 주시던,
어린 날 세상이 내 편이라
절로 믿게 하시던

이색 초대장

누군가 물었지
"세상에 단 한 사람
초대할 수 있다면
누굴 저녁 만찬에 초대하고 싶죠?"

"예수 그리스도."
망설임 없는 즉답이었지

"당신은
아니 당신의 아버지는
왜 질병을 만드셨을까요?"

그 대답 듣고 싶어
꼬~옥 듣고 싶어
절절한 마음 담아
초대장 준비한다

청천벽력

가진 것 없던 집안
맏아들이셨던 아버지
딸만 다섯 남겨놓고 사고로 떠나신 후
유복자 막내딸 태어나다

목구멍이 포도청이라
어린 딸들에게 살피라 이르며
젖먹이 아랫목에 눕혀놓고
공장에서 일하시던 어머니

점심시간 짬 내어 달려와
흐르는 땀 닦으며 붇은 젖 물리려다
미동 없는 아이의 입 마주하다

아버지는
홀로 남겨진 아내의 삶 너무 안쓰러워
차라리 어린 딸 거두신 것일까

파랑 바가지

윤기 나던 푸른빛 퇴색되고
바닥은 닳아서 거뭇거뭇
처음엔 주로 쌀이 담겼는데
수십 년 나이 들며
가시 돋친 성게 · 생선
펄펄 끓은 국수, 살을 에는 얼음
매운 고춧가루 · 마늘, 흙 묻은 파 · 감자
온갖 것을 담아냈지
밥만 펴야 한다는 공기,
국만 떠야 한다는 대접,
반찬만 담아야 한다는 접시와는 달리
뜨거워도 뜨겁다,
차가워도 차갑다 말 못 하고
주어지는 것마다
둥그런 품으로 받아들이던 우리 어머니

어머니와 단풍

깊어가는 가을
모녀의 단풍 나들이
나뭇잎마다 색의 환호
빛깔에 취한 어머니
모과 빛 잠바
홍시 빛 모자

낙엽도 오솔길 수놓아
알록달록
단풍 카펫
그 길을 걷는
팔순 어머니
홍조로 물든 여배우

고부

"어머니, 밥이 좀 질죠?"
"아가, 촉촉하니 좋구나."

"어머니, 밥이 좀 되죠?"
"아가, 고슬고슬 좋구나."

우리 할머니의 새아가 시절
며느리와 시어머니의 정다운 대화

그 사랑
내림되어

미수의 어머니는 지금도
푸근하던 시어머님 그리워하지

며느리 보려면 아직도 먼 내가
웅얼거려 본다
"아가, 촉촉하니 좋구나."
"아가, 고슬고슬 좋구나."

기억회로

화사하던 그림 천천히 색 바래듯
선명하던 어머니 기억 저만치 희미해진다
그 흩어지는 결 놓치지 않으려
당뇨약, 관절약, 치매 예방약까지 한 주먹

약만 먹어도 배부르다며
오십 년 전, 삼십 년 전 일을
순서 없이 얼기설기 누비이불처럼 꿰매고
이제 당신 생신까지 잊으셨다

날짜도 요일도 흘려 버리는 동안
행복했던 날들은 자꾸 날아가고
힘들었던 시간만 고스란히 남아
야속하고도 애잔한 어머니의 기억회로

우리 집

아침엔
눈 부신 햇살 한 자락
놀러오고

창밖엔
푸르른 소나무 한 그루
그윽하고

어쩌다
시원한 바람 한 줄기
걸터앉고

저녁엔
담 너머 웃음 한 사발
훈훈하고

삼단 석단(三段 石壇)

작은 절마당
두 어깨 묵묵히 내어준 삼단 석단

하늘로 치솟은 석탑의 무게
기꺼이 떠받치고
탑에 기우는 찬사
흐뭇하게 들으며
더러 흘러내리는 눈물까지
꺼이꺼이 받아준다

평생 자식 향한 눈길 거두지 못하는
우리네 부모님처럼

태양이 전하는 말

아이야
항상 빛에 목마른 아이야

네가 있는 그곳
때론 구름에 가려
나뭇가지에 걸려
벽에 가로막혀
너에게 가지 못할 뿐

잠시 자리 바꿔보면
언제든 너도
밝고 따뜻한 햇빛
넉넉히 받을 수 있음을
아는 날 오겠지

아이야
항상 빛이 그리워 애타는 아이야

할무이 닭발 대승

닭발 먹고 싶다는 아이들 조름에
큰맘 먹고 들어선 '오빠 닭발'집
노오란 백열등 아래 쌍쌍이 모여
닭발을 우물거리고 있다
'매운맛, 죽여줘요' 간판 부제목처럼
아이들 레시피 '안 맵게'는 없다
메뉴판의 오빠 닭발 과감한 주문에
화려한 양념 닭발 한 접시 대령되었다
비닐장갑 끼고 호기롭게 집어 든 닭발
입술도 혀도 불 났다
목구멍 타고 내려가며 뱃속까지 불길 번졌다
물에 헹군 닭발도 여전히 품고 있는 불맛
"외할무이 닭발이 열 배는 맛있지?"
"외할무이 닭발이 만 배는 맛있어요!!"
아이들의 이구동성으로
참여하지도 않은 할무이가
닭발 요리 대회에서
화끈하게 대승을 거뒀다

4부

가시복숭이

연둣빛 생동하는 봄, 바로 눈앞인 줄 몰랐제?
동트는 새날 아침, 오고야 말 줄 몰랐제?
폐부까지 시원스런 공기, 마시게 될 줄 몰랐제?

옥수수 껍질 벗기며
관절염이 주는 교훈
정자에 머무는 동안
가시복숭이
돌덩이와 바위
셈치기의 여유
참치 해체(解體) 쇼를 보고
손톱을 깎으며
작은 타협
씨앗 삼총사
아야, 보그라, 보이제?
회갑(回甲)은

옥수수 껍질 벗기며

그만그만해 보이는 옥수수자루
스라락 스라락 껍질 벗긴다

알맞게 익은 놈
덜 여문 놈
너무 영근 놈
빈자리 숭숭 바람들은 놈
까뭇까뭇 벌레 먹어 탄력 잃은 놈

내 마음자리 알곡도
덜 영글었는지
지나치게 단단한지
성근 옥수수 같진 않은지
어느 한구석 좀이 슬진 않았는지

가만가만 되짚어 본다

관절염이 주는 교훈

아침마다 문안 인사하는
손가락 통증에 병원 찾았다

날 때부터 쥐었던 주먹
뒤로 쫙 펴라
한 손가락씩 어깨 젖히듯
다섯 손가락 스트레칭 쭉~쭉~

가진 것 꼬옥 움켜쥐려는 마음
어느결에 다 읽힌 것일까
놔줘라 훨~훨~ 가르침일까

정자에 머무는 동안

동네 어귀
아담한 정자 하나

방문객 1
까꿍까꿍 눈 맞추며 유모차 끌고 온 부부
방문객 2
과자 봉지 한 아름 웃음보 터진 아이들
방문객 3
홀로 한숨 내쉬며 휴대폰과 연애 중인 청년
방문객 4
언성 높이며 붉으락푸르락하는 중년 부부
방문객 5
지팡이 짚고 할머니 손 부여잡은 할아버지

잠깐 쉬어 가는 정자
잠시 거쳐 가는 누리
나, 어떤 모습으로 채워갈까

가시복숭이

네 가시에
항상 찔리기만 하였어
내 상처는
언제나 크고 쓰라렸지

어느 날
반백 년 넘은 내 모습
쓱 내려다보고
소스라치게 놀라는
가시복숭이 하나

돌덩이와 바위

누구나 가슴에
돌덩이 하나씩
얹고 산다

내 돌덩이
너무 무겁다 소리치니
저편에선
바위가 누른다고 메아리쳐 온다

그 바위 정으로 쪼아
맷돌에 넣어
곱게 갈아주고 싶다

셈 치기*의 여유

무대 앞좌석
어머니 앉아계신 셈 치기

일찍 여읜 아버지
지켜보시는 셈 치기
감미로운 음악
들려오는 셈 치기
한겨울 주머니 속
핫팩 있는 셈 치기
주변 지인들
나를 응원한다 셈 치기

상상 속의 셈 치기
여유로운 삶 부른다

*TV 프로그램 중 소프라노 조수미와의 대담 내용 인용.

참치 해체(解體) 쇼를 보고

반듯하게 누워있는
거대한 참 다랑어 한 마리
셰프 손길 통해
살살 녹는 참치회로 변신하다

그 앞에 오버랩되는
사람이란 감정 모둠체
순간 벌어지는 상상 속 깜짝 쇼

먼저 위선의 탈 벗기고
날렵하게 도려내는 증오 부위
뼈마디마다 달라붙은 욕심
숟가락으로 남김없이 박박 긁어내고
생을 좀먹는 우울까지 속 시원히 적출

해체 후 잔존하는 만족, 감사…
그 위에
작은 희망 고추냉이 얹어
향기로운 삶으로 거듭나다

손톱을 깎으며

내 몸에서 나오는 것들
찬찬히 꼽아본다

손톱, 발톱, 머리카락
눈물, 콧물, 눈곱, 코딱지
침, 귀지, 때, 비듬
달거리, 난자, 똥, 오줌
말, 웃음…

이 중에서
이웃에게
의미 있는 것 있을까

살아가며 분비하는
말과 웃음소리
보이지 않는 그 향이 모여
세상의 향기가 된다

작은 타협

조금만 더 먹고
조금만 더 눕고
조금만 더 미루고

나도 모르는 사이 날마다
작은 습관과의 타협

조금 더 멀리
조금 더 늦게
조금 더 불확실하게

내 꿈도 한 걸음씩 뒷걸음질
회색빛 미래와 타협 중

그 작은 타협과 거리 두기는
찬란한 꿈과 거리 좁히기
이것이 원대한 세상에 다다르는 길

씨앗 삼총사

꽃씨는 우리에게
가시를 보일 수도
꽃을 피울 수도

솜씨는 이웃에게
절망을 줄 수도
보탬이 될 수도

말씨는 상대에게
상처를 낼 수도
희망을 줄 수도

아야 보그라, 보이제?

아야, 니 와그라노?

매섭고 찬 겨울, 이어질 줄 알았제?
길고 깜깜한 밤, 지속될 줄 알았제?
어둡고 답답한 동굴에, 갇힌 줄 알았제?
얼굴에 흐르는 눈물, 안 마를 줄 알았제?

아—야, 한번 보그라

연둣빛 생동하는 봄, 바로 눈앞인 줄 몰랐제?
동트는 새날 아침, 오고야 말 줄 몰랐제?
폐부까지 시원스런 공기, 마시게 될 줄 몰랐제?
생기로 빛나는 네 얼굴, 보여줄 줄 몰랐제?

회갑(回甲)은

자신이 항상
옳지만은 않다는 것을
인정할 때

감사하는 마음은
노력해야 잊지 않으나
상처 난 마음은
쉬이 잊히지 않는다는 것을
알아갈 때

마음의 풍요는
가진 것을 나누는 삶에서 온다는 것을
서서히 깨달을 때

5부

사람꽃

어느 방향으로 통할까
다시 고개 드는
작은 떡잎 하나
찌르르 전해오는 전율

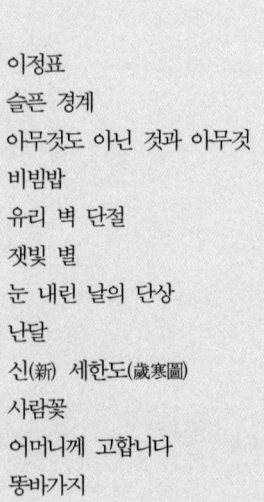

이정표
슬픈 경계
아무것도 아닌 것과 아무것
비빔밥
유리 벽 단절
잿빛 별
눈 내린 날의 단상
난달
신(新) 세한도(歲寒圖)
사람꽃
어머니께 고합니다
똥바가지

이정표

고속도로 들어서면
서울 방향, 부산 방향 화살표
국도 갈림길에서도
광교산 산책길에, 호수공원 둘레길에
아기자기한 이정표

우리 삶의 여정에도
서늘한 구역, 따뜻한 구역
소소한 사잇길에서도
콕콕 짚어주는
친절한 화살표 만나고 싶어

슬픈 경계

가지 끝 나뭇잎
가을 철들어가며
삶을 놓을까 말까
제 살 말려 붙이며
사유하고

요양병원 어머니
내가 철들어가며
생이 접힐지 말지
가랑잎 되어
뒤척이시고

아무것도 아닌 것과 아무것

세상엔
아무것도 아닌 것처럼 보이는 것들이
있다

그
아무것도 아닌 것처럼 보이는 것들이
우리를 울고 웃게 한다

그렇게
아무것도 아닌 것처럼 보이는 것들이 모여
아무것이 된다

비빔밥

넓은 대접 안
하얀 쌀밥 위
저마다의 맛과 색을 품고
나란히 둘러앉은 오색 나물
고사리, 당근채, 무나물, 시금치, 콩나물
보이지 않는 곳에
고소한 향내 참기름
상좌엔 계란프라이 방점
서로 다른 재료들
빨간 고추장 만나
자신의 고유한 색 내어주고
쓱쓱 비벼 섞여지면
홍조 띤 밥알들
조화롭게 어우러져
만인의 별미 되지

나도 그중 하나

유리 벽 단절

위독하시다는 어머님
코로나19 의심되어
격리실 입원
한걸음에 달려온 자식들
유리 벽 너머 먼발치
굽으신 어머님 등만 살짝

그렇게 외롭게 가셨는데
검사 결과 기다리느라
또 안치실 대기
애끓는 자녀들
장례식장 이동 기다리느라
야속한 마음만 서성서성

살아 있는 사람 간에도
이승과 저승 사이에도
보이는 혹은 보이지 않는
가슴 시린 유리 벽 단절
코로나19 괴물이 만든
이 시대의 애잔한 임종

잿빛 별

무쇠처럼 몸 사리지 않고
가슴에 이 나라 품었던
님아

뜨겁게 조국 산천 사랑한 죄로
현충원 잿빛 별 된
나의 님아

속 타는 사연 절절히 품고
묘비로 줄지어 환히 빛나는,
가까운 듯 머나먼
우리 님아

이 땅의 사람들 가슴에
영원히 그리운 별로
촘촘히 각인된
조국의 님아

눈 내린 날의 단상

어린 날
어머니 한복 몰래 입어보고
장롱 안에 그 모습 그대로
개어 넣느라 애를 썼지

세상을 바꿔 놓은
눈 덮인 풍경
산도 나무도 바위도 쓰레기도
하얗다

얼마 지나지 않아
찬란한 햇살
벗겨지는 하얀 가면
산은 산, 나무는 나무, 바위는 바위
쓰레기는 그래,
쓰레기였지

난달*

학교 졸업 후
발 들인 고속도로
쉼 없이 달려라 달려라
목표지점 정년퇴직
곁눈질 겨를 없어

33년 직장생활
불현듯 채근하네
새 길을 찾으라 찾으라
명예퇴직이란 선택
어느 방향으로 통할까

다시 고개 드는
작은 떡잎 하나
찌르르 전해오는 전율

* 길이 여러 갈래로 통한 곳(순우리말).

신(新) 세한도(歲寒圖)

마음도 얼어붙은
세상사 한겨울
오가는 이 하나 없는
외로운 토담집

그 옆 늙은 소나무
함께하는 잣나무 있어
모진 세월 견디며
더불어 푸르름 지키네

시절이 하 수상해도
나,
그대 벗 삼아 갈 길 찾듯

사람꽃

이른 봄날

살가운 바람 좋아
마을 뒷산 오르니

진달래 산벚보다 앞선
형형색색 사람꽃

밝은 봄 부르는 듯
피어나는 웃음꽃

어머니께 고합니다
―시어머님을 여의고

염(殮) 마치고 누워계신 어머니

얼굴 부비며 아들 고합니다
"어머니, 자손 걱정 마시고
아버님 만나서 마음 편히 쉬세요."

눈물 줄줄줄 딸 고합니다
"엄마, 다음 생에서도
엄마 딸로 태어나게 해주세요."

얼굴 감싸고 사위 고합니다
"장모님, 아픔 없는 세상에서
건강하게 지내세요."

눈물 뚝뚝뚝 며느리 고합니다
"어머니, 사랑했습니다.
그리고 감사합니다."

잔잔한 미소 머금은 영혼
투명 날개 고르실까

똥바가지

살다 보면
똥바가지 뒤집어쓸 때가 있지
그것도
지독하게 구린 바가지를

얼김에 만난 오물
고개를 흔들어도
물로 헹구어도
벗겨지지 않는 막

꿈이길 바라며
치악산 앞에 서서
치악~치악~
목 놓아 울었더니
산도 덩달아
악취~악취~
섧게 울더라

6부
초록 연가

나무도 아닌 것이
돌도 아닌 것이
나무인 듯 돌인 듯
빛을 내는 화석

우리 시작해도 될까요
몸짓이 말하다
밥솥안 사랑일대기
초록 연가
소나무에게서 배우다
오른손의 고백
우리 사이
칫솔과 치약
규화목(硅化木)
공유
칼이 도마에게
너

우리 시작해도 될까요

―아침 치악산을 바라보며

보일 듯 말 듯 안개 속의 너
미묘했어

청명한 날씨에 드러난 푸르름
눈이 훤했지

구름에 가려진 너의 자태
몹시 궁금했어

주룩주룩 울고 있더군
위로의 텔레파시 보내주었지

다시 눈 부신 햇살 아래
생기 넘치는 미소

우리 이쯤
시작해도 될까요

몸짓이 말하다

혜화역 파랑새극장 앞
설레는 맘으로 카페에 들어섰지
이름만 아는 사이

마주 앉아 바라보며 궁금증 풀어갔지
사는 동네 이야기, 직장 이야기
활짝 펼쳐지는 지갑 속 전철 노선도
출발은 ◇◇역, 환승은 ○○역
회사에서 가까운 역은 △호선 □□역
머리와 몸이 앞으로 기울며
상세하게 노선도 안내하는 손길

그때 보았어
생동하는 눈빛
말없이 전하는 너의 몸짓

밥솥안 사랑일대기

압력밥솥 안
낯선 쌀과 물이 만나
붇고 불리는 공유 속 친근감
썸* 버튼 누르면
설렘 숨길 수 없어
'칙칙' 새는 웃음
열띤 만남 끝에 터질 듯한 마음
화산처럼 끓어올라
'쐬아~' 프러포즈
정성 들여 뜸 들이자
고슬고슬 찰기 어린 뜨끈한 밥
한 가정 이루었지
온기 잃으면 찬밥 된다는
밥에 얽힌 전설 믿으며
둘은 오순도순 정답게 지낸다네

*아직 연인 관계는 아니지만 서로 사귀는 듯이 가까이 지내는 관계.

초록 연가

연둣빛 정원 잔디 푸릇해지면
떠오르는 녹음 속 한가롭던 오솔길

녹색 그늘 내려앉은 그녀의 동그란 어깨
오월의 풀향 실린 찰랑찰랑 머릿결

푸른 들판처럼 훤히 트여
풍덩 안기고픈 초록들 세상

말끝마다 웃음소리 초로롱 초로롱
초대하지 않아도 초대되는
푸르름 속의 환희

소나무에게서 배우다

푸르른 고귀함에 반해
소나무 한 그루 작은 뜰 안에 들이다
솔향 은은한데
슬며시 내려앉는 송홧가루
닦아도 닦아도 노란 분진
어느결에 솔잎 갉아대는 송충이

오래전 웃는 모습에 반해
'그대'라는 사람 작은 품 안에 들이다
달콤한 향내 퍼지는데
그림자처럼 따라오는
색다른 취향

묵묵히 서 있는 소나무처럼
그 결 한 올 한 올
받아들일 수 있을까

오른손의 고백

날 닮은꼴로 맞은편에 서서
나보다 약하다는 핑계로
어렵고 힘든 일은 내게 맡기면서
항상 그림자처럼 따라오는 네가
그리 탐탁지 않았지

사고로 왼팔을 다치신 할머니
의료가 발달하지 않았던 시대
매끄럽지 않게 이어 붙여진 팔을
소매 속에 소중히 넣고 다니셨는데
어느 여름날 책가방을 내려놓다가
구부정한 등으로 마루에 앉아
노란 참외 반쪽을 두 발로 움켜잡고
오른손에 쥔 수저로
참외 속을 살살 긁어 드시는 것을 보고는
바나나 껍질을 벗기고 있는 유인원이 연상되어
나도 모르게 연민 한 방울 흘러내렸지

그때 깨달았어야 했어
있는 듯 없는 듯 드러나지 않던 네가
단순한 그림자가 아니라는 것을

우리 사이

숲길 작은 도랑
헤엄치는 버들치
흐뭇하게 바라보며
함께 걷는다

어쩌다 뒤돌아보며
저만큼 앞서지도 않고
빨리 가라 재촉하며
이만큼 뒤서지도 않고

가끔은 눈 맞추며
나란히 걷는 사이
때로는 멈춰 서서
같은 곳 바라보는 사이

칫솔과 치약

하루 딱 세 번
향기로운 입맞춤
너와 나의 보금자리
자그마한 양치 컵

온종일 같은 공간
둘만 있어도
쉬이 풀리지 않는
너에 대한 갈증

마음의 뚜껑 열려야만
만날 수 있는 우린
기다림에 길들여진
애달픈 연인

규화목* (硅化木)

먼 먼 옛날 생을 다한 나무
물관 타고 돌다 멈춘 나이테
그 사이로
따순 숨 불어넣은 규소

나무도 아닌 것이
돌도 아닌 것이
나무인 듯 돌인 듯
빛을 내는 화석

우리네 무덤덤해진 사랑도
그네들같이
가슴에 후끈
온기 돌으려나

*광물질(주로 이산화규소)이 스며들어 만들어진 나무화석.

공유

두 개의 집합 있었지
어느 날부터인가
조금씩 늘어가는 교집합
많은 이들의 축복 속에
커다란 합집합 되었지

흐르는 세월 속
차집합을 늘리려는 이와
교집합을 늘리려는 이의
아슬아슬한 줄다리기

늘어가는 차집합은
교집합 줄이는 지름길
삶의 뒤안길에는
넓은 교집합이 윤활유지

칼이 도마에게

햇살 좋은 양지에 누워
허연 몸통 내놓고 일광욕 즐기는 그대에게
불현듯 시선 머무르게 되었지
평소 눈에 뜨이지 않던 우묵 파인 자욱이
오늘따라 유난히도 시려 보였어

지난 세월 우리는 매 끼니마다
'딩딩딩딩딩 당당당당당'
'동동동동동 둥둥둥둥둥'
이중주 연주하며
맛깔 나는 창작에 여념 없었지

시나브로 무디어져 가는 나의 쇠날
조금씩 야위어가는 그대 허리
우리 천생연분 아니라면
어찌 이런 구성진 가락 나오겠소

너

세상에 풀은 널렸어도
약초는 흔하지 않다
그래서 귀하다

세상에 돌은 무수해도
보석은 드물다
그래서 더 빛난다

세상에 사람은 넘쳐나도
너는 하나뿐이다
그래서 더욱더 보배롭다

신진호 시집
바다거북 운을 떼다

2024년 10월 15일 초판 1쇄 발행

지은이 신진호 | 펴낸이 김은영 | 펴낸곳 북 나비
출판신고 2007년 11월 19일 제380-2007-00056호
주소 04992 서울시 광진구 자양로9길 32 4층(자양동)
전화 (02)903-7404,   팩스 02-6280-7442
표지 gettyimagesbank
booknavi@hanmail.net
블로그 www.booknavi.co.kr

ⓒ 신진호 2024
ISBN 979-11-6011-139-2 03810

※ 이 책의 저작권은 저자에게 있으며 출판권은 북나비에 있습니다.
※ 이 책의 전부 또는 일부를 이용하시려면 저작권자와 북나비의 동의를 받아야 합니다.
※ 책값은 뒤표지에 있습니다. 잘못된 책은 바꾸어 드립니다.